VENTE

DES

Lundi 5 et Mardi 6 Mars 1900

HOTEL DROUOT SALLE N° 1

IMPORTANT

MOBILIER

ARTISTIQUE

Argenterie, Bronzes

RICHE AMEUBLEMENT DE SALON

Meubles anciens, Tentures

TAPISSERIES

EXPOSITION PUBLIQUE

Le Dimanche 4 Mars 1900

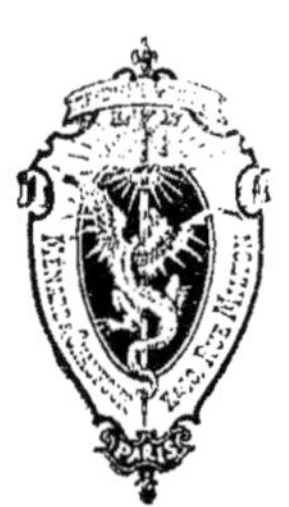

CATALOGUE

D'UN IMPORTANT

MOBILIER
ARTISTIQUE

de différents Styles

Argenterie, Services, Plats, Couverts, Objets d'art, Porcelaines
Bronzes d'art et d'ameublement
Sculptures, Lustres, Appliques à éclairage électrique

RICHE AMEUBLEMENT DE SALON

de style Louis XVI en bois doré et tapisserie

Sièges anciens et modernes
Chaise à porteurs, Commode Régence, Lit Louis XVI
Buffets, Crédences, Tables de style Renaissance
Pendule en écaille et bronze ciselé, Meubles de fantaisie
Belles tentures en soierie et broderies, Tapisseries
Tapis d'Orient et en moquette, Meubles courants, Batterie de cuisine

HOTEL DROUOT, SALLE N° 1

LES LUNDI 5 ET MARDI 6 MARS 1900

à 2 heures

Me THOUROUDE	M. B. LASQUIN
COMMISSAIRE-PRISEUR	EXPERT
32, Rue Le Peletier, 32	*12, Rue Laffitte, 12*

EXPOSITION PUBLIQUE

LE DIMANCHE 4 MARS 1900

de 1 h. 1/2 à 5 h. 1/2

CONDITIONS DE LA VENTE

Elle aura lieu au comptant.

Les acquéreurs paieront *cinq pour cent* en sus des prix d'adjudication.

L'exposition mettant le public à même de se rendre compte de l'état et de la nature des objets, il ne sera reçu aucune réclamation une fois l'adjudication prononcée.

Paris. — Imp. Ménard et Chaufour, 8-10, rue Milton

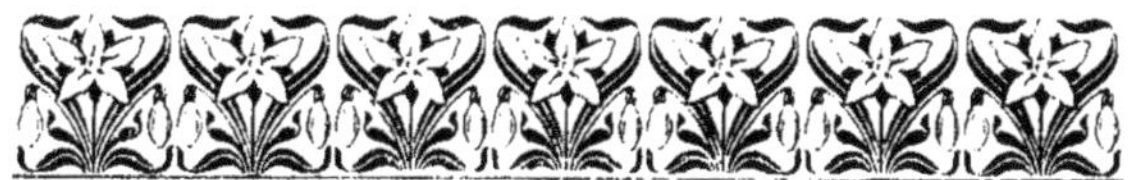

DÉSIGNATION

ARGENTERIE

1 — Beau service de style Louis XV en argent repoussé et ciselé à cannelures en spirales et rocailles : il est composé d'une théière, une cafetière et un sucrier.

2 — Petit sucrier à deux anses, forme Louis XV, en argent repoussé.

3 — Petite cafetière de même style en argent.

4 — Huit salières forme coquille en argent ciselé de style Louis XV, avec huit cuillers à sel.

5 — Saucière adhérente sur plateau ovale en argent ciselé de style Louis XV, de chez LAPAR.

6 — Gobelet ancien en argent avec pied godronné.

7 — Deux timbales en argent.

8 — Deux coquetiers en argent ciselé.

9 — Un grand plat ovale à contours en argent.

10 — Deux autres plats ovales moins grands, en argent.

11 — Deux plats ronds, en argent, bordure à contours.

12 — Un plat rond de même modèle, plus petit.

13* — Vingt-quatre cuillers et soixante fourchettes genre Louis XV en argent ciselé.

14* — Service à dessert en vermeil de même modèle comprenant vingt-quatre cuillers, vingt-quatre fourchettes.

15* — Dix-huit cuillers à café en vermeil avec ornements à jour.

16* — Deux cuillers à œufs en argent et une petite cuiller à sucre.

17* — Cuiller à sucre en argent et vermeil.

18 — Service d'argenterie, guilloché, contenu dans un coffre en chêne, comprenant :

Vingt-quatre cuillers
Trente-six fourchettes de table
Vingt-quatre couverts à entremets
Vingt-quatre cuillers à café
Une pince à sucre
Une pelle à glace
Un couvert à salade

(*) Les numéros 13, 14, 15, 16 et 17 sortent de la maison Cardheillac.

Deux pelles et une fourchette à pâtisserie
Une pince à sucre

Pourra être divisé

19 — Boîte de dix-huit couteaux, genre Louis XVI, à manche d'ivoire, lame d'acier et garniture d'argent.

20 — Dix-huit couteaux à dessert de même modèle à manche de nacre, lame et garniture en vermeil de chez Cardeilhac.

21 — Dix-huit autres couteaux à dessert à manche de nacre et lame d'acier.

SIÈGES ANCIENS ET DE STYLE

22 — Très riche meuble de salon de style Louis XVI en bois sculpté et doré à feuillages, guirlandes et rubans, avec garniture mobile à châssis en tapisserie fine d'Aubusson, représentant des sujets pastoraux sur les dossiers et des animaux sur les sièges, dans des encadrements de fleurs et de feuillages. Il est composé d'un canapé et de huit fauteuils, grand modèle.

23 — Ameublement de salon en bois sculpté de style Louis XIV, garni d'ancienne tapisserie au petit point à sujets de figures dans des ornements. Il est composé d'un canapé et de quatre fauteuils, grand modèle à dossier carré.

24 — Marquise de forme Régence en bois, finement sculpté et doré, garni de canne dorée et d'un coussin en soierie.

25 — Deux chaises légères, style Louis XV, en bois sculpté doré et canné, avec petits coussins en soierie verte.

26 — Deux bergères, style Louis XVI, en bois sculpté et doré avec garniture à coussin en soie à rayures de fleurs.

27 — Un petit fauteuil Louis XV en bois doré, garni de tapisserie au petit point à sujet de figures mythologiques.

28 — Fauteuil Louis XV en bois doré garni d'ancienne tapisserie d'Aubusson à fleurs.

29 — Fauteuil Louis XVI en bois laqué blanc garni de soierie ancienne à fleurs.

30 — Deux petits fauteuils Louis XVI, dossier ovale, en bois sculpté à perles et feuillages, garnis de soie à fleurettes et bandes roses.

31 — Grand canapé de style Louis XV en bois sculpté et doré, le dossier à contours, les accotoirs à crosses, garni de brocart à fleurs en couleurs sur fond crème.

32 — Deux grandes bergères de même style garnies de même étoffe.

33 — Fauteuil Louis XVI en bois laqué, garni de velours rayé rose.

34 — Deux grands fauteuils de style Louis XIV en bois sculpté et doré, garnis de soierie ancienne, l'un à fond rose, l'autre à fond bleu.

35 — Petit fauteuil Louis XVI en bois sculpté et laqué garni de velours ciselé vert.

36 — Deux petits canapés marquises de style Louis XVI en bois finement sculpté et doré à enroulements. Ils sont garnis d'ancienne soierie fond crème à rayures roses avec semis de petits bouquets de fleurs.

37 — Petit fauteuil de style Louis XVI à colonnettes en bois sculpté et doré. Il est couvert en ancienne soierie fond vert d'eau à rayures.

38 — Deux bergères Louis XVI laquées en blanc, à colonnettes et pieds cannelés, garnies de soierie, à rayures et de coussins mobiles.

39 — Deux chaises style Louis XVI en noyer avec rehauts d'or, recouvertes de soierie fond rose à bouquets.

40 — Lit de repos en noyer recouvert de soierie brochée.

41 — Grande banquette canapé de style Louis XVI en acajou sculpté, avec rehauts de dorure, garnie en étoffe à fleurs brochée en couleurs or.

42 — Chaise portugaise à haut dossier en cuir gravé, et cloutée de cuivre.

43-44 — Trois grands fauteuils de style Louis XIII en noyer sculpté, deux sont garnis de tapisserie au point, le troisième garni de moquette.

45 — Fauteuil Louis XVI en bois laqué garni de velours vert ciselé.

46 — Chaise à haut dossier en bois laqué blanc avec coussins en soierie ancienne à raies roses et fleurettes.

47 — Bergère style Louis XV en bois laqué, garnie avec coussin en étoffe brochée à fleurs.

48 — Deux petits fauteuils style Louis XV en bois sculpté et laqué, garnis de point de Hongrie.

49 — Deux petites chaises genre Louis XIII à X en bois sculpté, avec bandes en broderie orientale.

50 — Petite banquette genre Louis XVI en bois laqué et canné, avec coussin en soie.

51 — Grand fauteuil confortable garni de maroquin rouge.

52 — Canapé garni de satin bleu et de broderie japonaise en soie de couleur et or.

53 — Chaise longue et deux fauteuils capitonnés en satin vieil or.

54-57 — Quatorze coussins divers en soierie, velours et broderie.

AMEUBLEMENT

58 — Quatorze belles chaises en chêne sculpté, à pieds cannelés, recouvertes de maroquin grenat. Exécutées par la maison Guéret.

59 — Fauteuil bas genre breton en noyer et paille de couleur.

60 — Chaise de même travail.

61 — Fauteuil bas en bambou foncé de canne de couleur.

62 — Chaise de même travail.

63 — Chaise basse en bambou et paille de couleur.

64 — Chaise paysanne en hêtre et paille de couleur.

AMEUBLEMENT

65 — Chaise à porteurs Louis XVI en bois sculpté et doré, à guirlandes de lauriers et moulures, ornée de peintures, jeux d'amours dans le goût de Eisen.

66 — Belle commode Régence à trois rangs de tiroirs et de forme contournée en placage de bois de violette, garnie de chûtes, de poignées et d'entrées, de serrures en bronze doré, dessus de marbre.

67 — Grand lit de milieu de style Louis XVI en bois doré sculpté à feuillages et rubans. Le devant est garni de canne dorée, le chevet est garni de moire verte. Il est accompagné d'un ciel de lit en dôme en bois sculpté et doré du même style.

68 — Garniture de lit composée d'un bandeau en moire verte brodée, de deux rideaux en moire verte avec intérieur en taffetas de soie rose et un dessus de lit en satin rose.

69 — Deux garnitures de fenêtres en moire verte avec passementeries.

70 — Coffre Louis XV, le devant légèrement bombé, à quatre pieds de biche, en bois d'acajou sculpté offrant en bas-relief un écusson avec trophée d'armes et rinceaux dans lesquels se jouent des figures d'amours.

71 — Table de style Régence en bois sculpté et doré à ornements ajourés, les pieds contournés reliés par un X. Dessus de marbre vert.

72 — Petit meuble chiffonnier en bois satiné, marqueté à guirlandes de fleurs et orné de bronzes.

73 — Petit meuble faisant pendant avec le précédent, celui-ci forme secrétaire.

74 — Autre petit meuble chiffonnier en bois satiné, marqueté en losanges et orné de bronze.

75 — Grand meuble à hauteur d'appui ouvrant à deux portes vitrées, de style Louis XVI, en bois peint vert d'eau et orné de bronzes dorés, dessus en marbre onyx. L'intérieur est garni de peluche verte.

76 — Commode ancienne portant l'estampille d'un maître ébéniste.

77 — Petit cabinet italien ouvrant à deux portes, en ébène et ivoire, gravé à figures et frises d'ornements.

78 — Écran de style Louis XIV en bois doré, garni de tapisserie au point : Vénus et l'Amour.

79 — Paravent à quatre feuilles garni de broderie genre Louis XV avec parement en velours de soie vert.

80 — Bibliothèque à deux corps, le haut vitré, le bas for-

mant bureau avec abattant, en noyer mouluré et sculpté.

81 — Grand buffet à deux corps en chêne sculpté de style flamand, le bas ouvre à trois portes pleines, le haut à une porte vitrée avec niches sur les côtés ornés de cariatides.

82 — Crédence de style Renaissance, en chêne sculpté à cariatides et panneaux d'ornements; elle ouvre à deux portes et à deux tiroirs.

83 — Table de style Henri II, carrée, à piètement formé de balustres en chêne sculpté.

84 — Stalle de style gothique en chêne sculpté, ornée de quatre figures de chevaliers sur le dossier et d'un dais surmonté de fleurons.

85 — Buffet Louis XV à deux corps, en bois de noyer mouluré et sculpté.

86 — Grande crédence flamande en chêne sculpté à panneaux d'ornements, frises, mufles de lions et cariatides.

87 — Crédence Renaissance à deux corps en chêne sculpté, le haut à deux portes avec panneaux ornés de sujets, montants formés de cariatides, tiroirs à têtes de lions et enroulements.

88 — Deux stalles d'antichambre de style gothique en noyer sculpté à motifs ajourés.

89 — Crédence de style gothique à cinq pans, le haut formé de panneaux à ogives avec porte ornée d'un sujet sculpté.

90 — Grande jardinière à quatre panneaux, en noyer sculpté à rinceaux et séparés par des cariatides.

91 — Grand coffre en bois sculpté, à rinceaux et ornements, supportant une vitrine à argenterie avec monture en fer.

92 — Table de style Henri II, à pieds, balustres sculptés reliés par un entre-jambes.

93 — Console style Louis XV en bois doré, à dessus de marbre.

94 — Écran de style Louis XVI, en bois laqué garni de velours vert et rouge.

95 — Trumeau Louis XV en bois sculpté et peint, avec glace surmontée d'un sujet à figures d'amours.

96 — Toilette en bois sculpté et laqué blanc à dessus de marbre rouge.

97 — Petite table en noyer, forme trèfle.

98 — Table à thé japonaise en laque et bambou.

99 — Petite glace en bois, peint en blanc à filets.

100 — Deux petites tables étoiles en bois incrusté de nacre.

101 — Porte-manteau en noyer garni de canne.

102 — Guéridon style Louis XVI en placage de bois de rose, à quatre pieds reliés par une tablette.

103 — Guéridon de style Louis XV en acajou, à dessus de marbre.

104 — Cabinet flamand en ébène, l'intérieur contenant de nombreux tiroirs, avec sa table-support.

105 — Table garnie de peluche et de franges.

106 — Table turque en incrustation de nacre et d'ivoire, contenant des tiroirs à l'intérieur.

107 — Support carré en bois incrusté de burgau et à dessus de marbre.

108-109 — Deux supports, de style chinois, en bois noir sculpté.

110-111 — Coffre ancien, orné de quatre panneaux sculptés à médaillons-bustes Renaissance. Il est surmonté d'une glace avec dais ajouré de même style.

112 — Table forme Louis XVI à volets en palissandre.

113 — Guéridon style Louis XVI en bois laqué, ceinture à rosaces.

114 — Guéridon en noyer à trois pieds à torsades.

115 — Enveloppe de cheminée en bambou et peluche bleue.

116 — Horloge ancienne dans une gaine en bois sculpté et moulure à contours.

117 — Table support carrée en chêne.

118 — Escabeau en chêne.

119 — Petite bibliothèque tournante en noyer.

120 — Table à jouer en bois noir incrusté, ornée de bronzes.

121 — Meuble d'entre-deux en bois noir incrusté de cuivre et garni de bronzes, dessus de marbre.

122 — Table étagère en bois laqué, ceinture ajourée et deux tablettes cannées.

123 — Horloge ancienne avec gaîne en chêne sculpté.

124 — Écran style Louis XVI en bois laqué blanc avec feuille en velours.

125 — Table de style Louis XIII à pieds tors en bois noir, marqueterie de bois et incrustation d'ivoire.

126 — Petite table style Louis XIII à pieds tors en chêne sculpté, dessus de molleton bleu.

127 — Grande glace de 3m25 sur 1m80, cadre garni de peluche violette.

128 — Grande glace de 2m25 sur 1m40, cadre doré de style Louis XIV.

129 — Glace biseautée dans un cadre en bois sculpté, ajouré et doré. Style Louis XV.

130 — Meubles de cuisine.

131 — Batterie et ustensiles de cuisine.

BRONZES, SCULPTURES, MARBRES

132 — Très jolie petite garniture de cheminée de style Louis XVI, en bronze doré et marbre blanc. La pendule représente une nymphe enlaçant un amour avec une guirlande de fleurs, en bronze doré; le socle en marbre blanc est orné d'un sujet finement sculpté. Les candélabres, sont formés chacun d'une figure d'amour assis supportant deux branches porte-lumières (à l'électricité) en bronze doré, sur socles en marbre blanc.

133 — Grand lustre à l'électricité à dix lampes. Dans le haut une couronne en bronze doré soutient plusieurs cascades d'eau : le pourtour en bronze vert à ornements dorés supporte cinq flambeaux en forme de carquois avec flammes en cristal. Le culot du lustre se termine en pluie de cristaux à facettes.

134 — Autre joli lustre à l'électricité à six branches formées par des rinceaux et des feuillages, en bronze ciselé et doré, il est orné de plaquettes et de fleurs en cristal

135 — Suspension de chambre à coucher en bronze ajouré et argenté, de style Louis XV.

136 — Petit lustre hollandais à six lumières en cuivre poli.

137 — Grand et beau lustre à l'électricité offrant au pourtour cinq carquois en bronze doré desquels s'échappent des flammes en cristal.

138 — Petit lustre plafonnier à quatre lumières (à l'électricité) en bronze.

139 — Cartel style Louis XIV en bronze doré, de chez Lerolle.

140 — Grande lanterne d'escalier, genre Louis XIV avec tige et lustre d'étage à trois lumières en bronze.

141 — Lustre hollandais en cuivre à six lumières à l'électricité.

142 — Paire de girandoles de style Renaissance à quatre branches en cuivre ciselé et poli.

143 — Paire de flambeaux en bronze argenté de style empire.

144 — Paire de petits flambeaux bas à cannelures, en bronze doré.

145 — Grand lampadaire de vestibule à cinq lampes au gaz sur fût de colonne avec quatre pieds volutes à mascarons.

146 — Piédestal carré en marbre noir orné de trophée de musique, en pierres de couleurs et de chutes en bronze.

147 — Deux fûts de colonnes en marbre à chapiteaux corinthiens et tors de lauriers en bronze.

148 — Statuette de joueur de biniou, bronze de Lebourg.

149 — Grande statuette en bronze à patine florentine : Psyché pleurant l'amour.

150 — Grande pendule d'applique avec son socle, de style Louis XV, plaquée d'écaille verte et ornée de bronzes ciselés et dorés.

151 — Grande lampe juive en bronze argenté (disposée pour la lumière électrique).

152 — Paire de girandoles à quatre lumières de style Louis XV, en bronze argenté composées de rinceaux et de feuillages finement ciselés.

153 — Grande aiguière et son bassin en cuivre jaune martelé de travail oriental.

154 — Paires de grosses lampes en émail cloisonné de la Chine, garnies de montures en bronze ciselé à dragons et chimères (éclairage électrique).

155 — Petit buste de paysanne, bronze de Loiseau.

156 — Deux brûle-parfums en bronze japonais, formés d'éléphants supportant des pagodes.

157 — Deux vases en bronze du Japon à oiseaux en relief.

158 — Buste de jeune fille en terre cuite, de Lavergne.

159 — Deux grands candélabres à bouquets en bronze montés sur des vases balustres en porcelaine du Japon.

160 — Coupe ronde en bronze sur support à quatre pieds à griffes.

161 — Galerie de foyer genre Louis XVI à figures d'enfants, attributs des Sciences et des Arts.

162 — Deux chenets, style Louis XV en bronze doré formés d'enroulements de feuillages, avec porte-bûches orné.

163 — Deux landiers en fer forgé, genre Louis XIII.

164 — Grands landiers en fer forgé, avec pelle et pincettes.

165 — Petits chenets, style Louis XVI à galeries draperies et rosaces en bronze doré.

166 — Galerie de foyer en cuivre poli.

167 — Deux flambeaux Empire en bronze argenté.

168 — Trois grands bacs en fonte émaillée à ornements en camaïeu bleu.

169 — Divinité en bronze du Japon.

ÉTAINS

170 — Petite jardinière en étain. Signé : Jouant.

171 — Petit plat rond en étain orné au pourtour de médaillons représentant les signes du zodiaque.

172 — Autre petit plat en étain, de forme contournée, décoré d'une armoirie.

173 — Boîte à biscuits en étain.

OBJETS DIVERS, PORCELAINES

174 — Coupe octogone en vieux Chine décorée en émaux de la famille verte à arbustes, fleurs et bordure quadrillée, base en bronze doré.

175 — Vasque en porcelaine de Chine, décor bleu à paysage, kiosques et lambrequins.

176 — Vasque en porcelaine de Chine décorée en couleurs de quatre réserves à figures.

177 — Potiche ovoïde à couvercle, couverte en ancienne porcelaine de Chine, décor bleu à figures et paysages.

178 — Potiche à couvercle en porcelaine de Chine à décor bleu sur fond blanc.

179 — Grand vase forme balustre en porcelaine de Chine, décore de personnages et d'ornements en couleurs.

180-181 — Deux tubes porte-parapluies en faïence émaillée rouge et en faïence mordorée.

182 — Deux grands plats en porcelaine du Japon, décor polychrome.

183 — Paire de potiches en porcelaine de Chine à décor bleu.

184 — Potiche en porcelaine de Chine à décor bleu.

185 — Dragon en grès de Chine émaillé vert.

186 — Groupe de deux enfants bacchants en porcelaine. de Saxe.

187 — Service en porcelaine décoré de poissons comprenant : un grand plat, douze assiettes et une saucière.

188 — Potiche en faïence à décor bleu sur fond blanc.

189 — Potiche en faïence italienne à décor polychrome.

190 — Deux plats en faïence hispano-mauresque à reflets métalliques.

191-192 — Deux grands plats en faïence italienne décorée.

193 — Deux vases de forme étrusque à décor en couleurs, faïence de Deck.

194 — Statuette en biscuit de Niderviller.

195 — Coffret en porcelaine décorée, genre Capo di Monte.

196 — Potiche en faïence fond gris à décor bleu.

197 — Grand vase en faïence italienne, genre d'Urbino.

198 — Grand vase porte-bouquet en faïence dite barbotine, orné d'un grand Ibis et d'enroulements de fleurs en relief.

199 — Groupe en biscuit de Niderviller.

200 — Grosse bouteille en verre décorée de fleurs et de feuillages.

201-204 — Vases à fleurs en verrerie artistique.

205 — Carafes hollandaises en verre gravé.

206 — Jardinière en émail cloisonné de Chine, fond turquoise.

207 — Cornet en faïence italienne ancienne.

208 — Une petite bouteille en porcelaine moderne de Sèvres, fond rose.

209 — Miroir à main, genre Louis XVI en bronze doré orné d'une miniature.

210 — Boîte en forme de cœur en bronze doré ornée d'une miniature.

211 — Boîte rectangulaire en bronze doré ornée d'une miniature : portrait de femme.

212 — Boîte oblongue en émail fond rouge avec miniature : Jeune femme.

213 — Porte-bouquet en verre flambé, il est enchassé dans un culot de feuilles dorées que supportent trois enfants en bronze. Socle en marbre rouge.

214 — Coq formant porte-bouquet en faïence décorée.

215 — Chat en faïence de Gallé, de Nancy.

216 — Deux petits vitraux anciens.

217 — Deux petits cadres avec sujets en cuivre repoussé : *fumeur et priseur.*

218 — Deux gravures d'après MILLET : Intérieur de ferme et gardeuse de moutons, cadres dorés.

219 — Deux gravures en couleurs d'après DEBUCOURT

220 — Aquarelle forme éventail, par F. MARKS, vue de Venise.

TAPISSERIES

221 — Panneau d'ancienne tapisserie représentant le jeu du saut de mouton, dans un paysage, avec encadrement.

222 — Panneau de tapisserie à sujet de verdure, encadré de bandes.

223 — Grand panneau de tapisserie offrant un paysage avec ibis au premier plan, et château en perspective.

224 — Petit panneau de tapisserie verdure avec ibis.

TENTURES ET TAPIS

225 — Deux garnitures de fenêtres composées chacune de deux rideaux en damas de soie vert avec bandeaux en satin crème soutaché de broderie et galerie en bois sculpté et doré. Style Louis XIV.

226 — Tenture murale en damas vert.

227 — Long bandeau de baie pareil aux précédents.

228 — Quatre rideaux de salle à manger en peluche de lin bleue, avec deux bandeaux en tapisserie ancienne d'Aubusson.

229 — Quatre rideaux en soie blanche et deux stores en guipure.

230 — Quatre rideaux en cretonne, fond vert à dessins et rayures Pompadour.

231 — Quatre grands rideaux en cretonne fond bleu à grosses fleurs.

232 — Deux décors de fenêtres, allant avec les précédents.

233 — Carpettes persanes.

234 — Grand tapis oriental à dessin en couleur sur fond blanc.

235 — Grand tapis en moquette rouge unie.

236 — Tapis oriental fond rouge.

237 — Objets omis au catalogue.

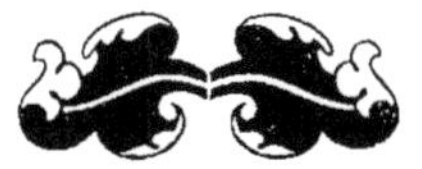

www.ingramcontent.com/pod-product-compliance
Ingram Content Group UK Ltd.
Pitfield, Milton Keynes, MK11 3LW, UK
UKHW020538180726
13839UKWH00006B/2595

9 782329 525327